Fé e saber

FUNDAÇÃO EDITORA DA UNESP

Presidente do Conselho Curador
Mário Sérgio Vasconcelos

Diretor-Presidente
Jézio Hernani Bomfim Gutierre

Superintendente Administrativo e Financeiro
William de Souza Agostinho

Conselho Editorial Acadêmico
Danilo Rothberg
Luis Fernando Ayerbe
Marcelo Takeshi Yamashita
Maria Cristina Pereira Lima
Milton Terumitsu Sogabe
Newton La Scala Júnior
Pedro Angelo Pagni
Renata Junqueira de Souza
Sandra Aparecida Ferreira
Valéria dos Santos Guimarães

Editores-Adjuntos
Anderson Nobara
Leandro Rodrigues

JÜRGEN HABERMAS

Fé e saber

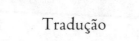

Tradução

Fernando Costa Mattos

© Suhrkamp Verlag Berlin 2001
© 2012 da tradução brasileira
Título original: *Glauben und Wissen*

Direitos de publicação reservados à:
Fundação Editora da Unesp (FEU)
Praça da Sé, 108
01001-900 – São Paulo – SP
Tel.: (0xx11) 3242-7171
Fax: (0xx11) 3242-7172
www.editoraunesp.com.br
www.livrariaunesp.com.br
atendimento.editora@unesp.br

CIP – Brasil. Catalogação na fonte
Sindicato Nacional dos Editores de Livros, RJ

H119f

Habermas, Jürgen, 1929-
 Fé e saber / Jürgen Habermas; tradução Fernando Costa Mattos. – 1. ed. – São Paulo: Editora Unesp, 2013.

Tradução de: Glauben und Wissen
ISBN 978-85-393-0403-5

1. Sociologia. 2. Filosofia e religião. 3. Teoria do conhecimento. I. Título.

13-00147   CDD: 305
             CDU: 316.7

Editora afiliada:

Asociación de Editoriales Universitarias
de América Latina y el Caribe

Associação Brasileira de
Editoras Universitárias

Sumário

Introdução à Coleção   VII

Apresentação à edição brasileira   XIII
Luiz Bernardo Leite Araujo

Fé e saber   1
Jürgen Habermas

Laudatio   27
Jan Philipp Reemstma

Referências bibliográficas   55

Índice onomástico   59

Introdução à Coleção

Se desde muito tempo são raros os pensadores capazes de criar passagens entre as áreas mais especializadas das ciências humanas e da filosofia, ainda mais raros são aqueles que, ao fazê-lo, podem reconstruir a fundo as contribuições de cada uma delas, rearticulá-las com um propósito sistemático e, ao mesmo tempo, fazer jus às suas especificidades. Jürgen Habermas consta destes últimos.

Não se trata de um simples fôlego enciclopédico, de resto nada desprezível em tempos de especialização extrema do conhecimento. A cada passagem que Habermas opera, procurando unidade na multiplicidade das vozes das ciências particulares, corresponde, direta ou indiretamente, um passo na elaboração de uma teoria da sociedade capaz de apresentar, com qualificação conceitual, um diagnóstico crítico do tempo presente. No decorrer de sua obra, o diagnóstico se altera, às vezes incisiva e mesmo abruptamente, frequentemente por deslocamentos de ênfase; porém, o seu propósito é sempre o mesmo: reconhecer na realidade das sociedades modernas os potenciais de emancipação e seus obstáculos, buscando apoio em pesquisas empíricas e nunca deixando de justificar os seus próprios critérios.

Certamente, o propósito de realizar um diagnóstico crítico do tempo presente e de sempre atualizá-lo em virtude das transformações históricas não é, em si, uma invenção de Habermas. Basta se reportar ao ensaio de Max Horkheimer sobre "Teoria Tradicional e Teoria Crítica", de 1937, para dar-se conta de que essa é a maneira mais fecunda pela qual se segue com a Teoria Crítica. Contudo, se em cada diagnóstico atualizado é possível entrever uma crítica ao modelo teórico anterior, não se pode deixar de reconhecer que Habermas elaborou a crítica interna mais dura e compenetrada de quase toda a Teoria Crítica que lhe antecedeu – especialmente Marx, Horkheimer, Adorno e Marcuse. Entre os diversos aspectos dessa crítica, particularmente um é decisivo para compreender o projeto habermasiano: o fato de a Teoria Crítica anterior não ter dado a devida atenção à política democrática. Isso significa que, para ele, não somente os procedimentos democráticos trazem consigo, em seu sentido mais amplo, um potencial de emancipação, como nenhuma forma de emancipação pode se justificar normativamente em detrimento da democracia. É em virtude disso que ele é também um ativo participante da esfera pública política, como mostra boa parte de seus escritos de intervenção.

A presente Coleção surge como resultado da maturidade dos estudos habermasianos no Brasil em suas diferentes correntes e das mais ricas interlocuções que sua obra é capaz de suscitar. Em seu conjunto, a obra de Habermas tem sido objeto de adesões entusiasmadas, críticas transformadoras, frustrações comedidas ou rejeições virulentas – dificilmente ela se depara com a indiferença. Porém, na recepção dessa obra, o público brasileiro tem enfrentado algumas dificuldades que esta Coleção pretende sanar. As dificuldades se referem principalmente à ausência de tradução de textos importantes e à falta de uma padronização terminológica nas traduções existentes, o que, no mínimo, faz obscurecer os laços teóricos entre os diversos momentos da obra.

Incluímos na Coleção praticamente a integralidade dos títulos de Habermas publicados pela editora Suhrkamp. São cerca de quarenta volumes, contendo desde as primeiras até as mais recentes publicações do autor. A ordem de publicação evitará um fio cronológico, procurando atender simultaneamente o interesse pela discussão dos textos mais recentes e o interesse pelas obras cujas traduções ou não satisfazem os padrões já alcançados pela pesquisa acadêmica, ou simplesmente inexistem em português. Optamos por não adicionar à Coleção livros apenas organizados por Habermas ou, para evitar possíveis repetições, textos mais antigos que foram posteriormente incorporados pelo próprio autor em volumes mais recentes. Notas de tradução e de edição serão utilizadas de maneira muito pontual e parcimoniosa, limitando-se, sobretudo, a esclarecimentos conceituais considerados fundamentais para o leitor brasileiro. Além disso, cada volume conterá uma apresentação, escrita por um especialista no pensamento habermasiano, e um índice onomástico.

Os editores da Coleção supõem que já estão dadas as condições para sedimentar um vocabulário comum em português, a partir do qual o pensamento habermasiano pode ser mais bem compreendido e, eventualmente, mais bem criticado. Essa suposição anima o projeto editorial desta Coleção, bem como a convicção de que ela irá contribuir para uma discussão de qualidade, entre o público brasileiro, sobre um dos pensadores mais inovadores e instigantes do nosso tempo.

>Comissão Editorial
>
>Antonio Ianni Segatto
>Denilson Luis Werle
>Luiz Repa
>Rúrion Melo

Apresentação à edição brasileira

Luiz Bernardo Leite Araujo[*]

Apesar de sua pequena dimensão e seu caráter circunstancial, *Fé e Saber* ocupa lugar de destaque na vasta e complexa obra de Habermas. O texto reproduz o discurso pronunciado na recepção do Prêmio da Paz concedido pela Associação dos Livreiros da Alemanha, cerca de um mês após o acontecimento histórico de 11 de Setembro de 2001. Ocasião propícia para mais uma vez traçar um panorama intelectual de época, exercitando a mediação interpretadora típica da filosofia e, como se poderia esperar, colocando à prova seu

---

[*] Professor Associado do Departamento de Filosofia da Universidade do Estado do Rio de Janeiro (UERJ).

próprio pensamento. O diagnóstico de Habermas tem como mira principal o tempo nascente de um novo milênio cuja situação cultural exibiria duas tendências contrárias: de um lado, a propagação de imagens de mundo naturalistas; e, de outro, a revitalização inesperada de comunidades de fé e tradições religiosas e sua politização em escala mundial. Não chega a ser surpreendente, portanto, que o presente ensaio conclua com o exemplo da engenharia genética para ilustrar a atitude correta de uma filosofia racional e profana que, guardando distância da religião, não se fecha às suas perspectivas. A diferença absoluta entre o criador que dá forma à criatura, atribuindo-lhe ao mesmo tempo a capacidade de autodeterminação – de acordo com o relato bíblico do *Gênesis,* "Deus criou o homem à sua imagem, à imagem de Deus ele o criou" –, exprime bem a autocompreensão normativa de uma responsabilidade simétrica entre pessoas livres e iguais e serve de inspiração para uma moralidade política baseada na ideia de dignidade humana.

Ao revisitar o tema clássico da relação entre fé e saber, o filósofo alemão introduz uma nova expressão – "pós-secular" – que não apenas acarretará transformações sensíveis em sua teoria da modernidade, mas ocupará incessantemente sua atenção nos anos seguintes, o que se percebe facilmente nas publicações de *Entre naturalismo e religião* (2005), dos ensaios sobre crítica da razão reunidos no quinto volume de *Textos filosóficos* (2009), e de *Pensamento pós-metafísico II* (2012). É grande a tentação de enxergar uma reviravolta espetacular – positiva ou negativa, segundo o intérprete – do pensamento habermasiano. Não menos tentadora é a interpretação deflacionista diante da mudança de atitude preconizada por Habermas em favor de uma relação dialógica da filosofia com as tradições religiosas e da releitura sobre a posição do pensamento pós--metafísico entre as ciências e a religião. Mas não se pode falar em interesse abrupto pela religião como importante "figura do espírito", para utilizar um termo hegeliano, nem desconhecer o revisionismo duradouro de um saber filosófico cujo caráter autorreflexivo lhe é constitutivo.

Habermas já se havia precatado tanto de uma descrição unilateralmente funcionalista da religião, quanto de um precipitado reducionismo ético das imagens religiosas de mundo no marco da *Teoria da ação comunicativa* (1981). Nela, conjugando a explicação durkheimiana da origem da religião e do significado da autoridade moral com a análise weberiana acerca da emergência e da constituição das sociedades modernas como um processo de racionalização e de desencantamento do mundo,

Habermas adotara a tese da "verbalização" do sagrado como destravamento do potencial de racionalidade contido na ação comunicativa, chamada na época moderna a suplantar a autoridade antes assumida pelo mito e pela religião. Ocorreria aqui uma laicização racional do vínculo social primitivo na força ilocucionária da linguagem profana, uma espécie de fluidificação comunicativa do consenso religioso básico, de tal modo que as funções elementares de reprodução simbólica do mundo da vida, originariamente preenchidas pela prática ritual e fundadas no domínio sacral, seriam paulatinamente transferidas para a comunicação linguística. Oscilando entre a superação da religião pela razão comunicativa e — anos depois, em *Pensamento pós-metafísico* (1988) — a coexistência sóbria entre elas, o agnóstico Habermas jamais deixou de sublinhar a relevância heurística das imagens religiosas do mundo para a teoria social e a indispensabilidade da linguagem religiosa, mercê de todo o seu potencial de sentido, como recurso semântico inspirador para a filosofia.

No texto que se segue Habermas fala de uma modernidade com cabeça de Jano e de uma secularização dominada por sentimentos ambivalentes. Com isso pretende chamar a atenção para a dialética inconclusa de um movimento histórico cuja autocompreensão é resultado de processos de aprendizagem. Permanecendo aferrado à constelação pós-metafísica e *secular* do pensamento moderno, Habermas propõe uma reavaliação da tese tradicional da *secularização* com vistas a um questionamento do *secularismo* como visão de mundo. Não resta dúvida de que a laicização da autoridade política é a viga mestra do processo de secularização, do qual fazem parte a separação entre igreja e Estado, a instauração do pluralismo religioso e a adoção do regime de tolerância mútua entre credos e doutrinas divergentes. Mas a derrocada da unidade substancial das sociedades tradicionais em torno das interpretações míticas e das imagens religiosas e metafísicas de mundo — no seio das sociedades modernas desprovidas de garantias metassociais, funcionalmente diferenciadas e culturalmente heterogêneas — não quer dizer que a "destruição criadora" do processo de secularização equivalha a um "jogo de soma zero" entre poderes mundano e supramundano. E tampouco indica que o "impulso reflexivo" na direção do descentramento e da autonomização das perspectivas de mundo passe ao largo da "profanação do sagrado", urdida inicialmente pelas grandes religiões surgidas na China, na Índia e em Israel — o chamado "período axial" de Karl Jaspers, quando também teve origem a filosofia na Grécia — em meados do primeiro milênio antes de Cristo.

Isso mostra que o pensamento pós-metafísico, que estabelece uma distinção rigorosa entre fé e saber, não se limita ao legado da metafísica ocidental, mas considera as doutrinas religiosas como integrantes da genealogia da razão, nutrindo-se de seu conteúdo normativo. A expressão "pós-secular" não é uma alternativa ao horizonte pós-metafísico da modernidade, o qual permanece "secular" a despeito daquele prefixo "pós", correspondendo a uma mudança de mentalidade ou a uma alteração crítica do autoentendimento secularista de sociedades que se tornaram conscientes da persistência da religião, de sua relevante contribuição para a vida política, da necessidade de eliminar sobrecargas mentais e psicológicas desmesuradas para os cidadãos crentes, e ainda do imperativo de acomodação das vozes religiosas na esfera pública democrática. A "tradução cooperativa de conteúdos religiosos", defendida por Habermas em *Fé e saber*, remete a uma ética da cidadania cuja realização depende de enfoques epistêmicos mediante os quais as dissonâncias cognitivas sejam tratadas como desacordos razoáveis entre todas as partes engajadas em processos de aprendizagem *complementares*. Se sobre o cidadão de fé recai a exigência de uma consciência reflexiva que relacione suas convicções com o fato do pluralismo, deixe às ciências institucionalizadas as decisões referentes ao saber mundano e torne as premissas igualitárias de uma moral universalista dos direitos humanos compatíveis com seu credo; o cidadão secular assume, por seu turno, as pressões adaptativas da situação pós-secular, na qual se atualiza a questão kantiana de como assimilar a herança semântica das tradições religiosas sem obliterar a fronteira entre os universos da fé e do saber.

Ressalta-se aqui o exemplo de "uma desconstrução ao mesmo tempo secularizante e salvadora das verdades de fé". Para Habermas, o pensamento pós-metafísico deve adotar uma atitude simultaneamente agnóstica e receptiva diante da religião, ou seja, que se oponha a uma determinação estritamente secularista das razões publicamente aceitáveis sem, com isso, comprometer sua autocompreensão secular. É uma opção metodológica cogente para um tipo de pensamento que, lidando com a força especial das tradições religiosas no trato de intuições morais profundas e na articulação daquilo que falta ou que se perdeu, não pretende despi-las de possíveis conteúdos racionais, nem desvalorizá-las como resíduos arcaicos de uma figura do espírito superada pelas ciências, mas ainda assim insiste nas diferenças cruciais entre a fé e o saber como modalidades essencialmente distintas do ter algo por verdadeiro. Nesse sentido, a história do cristianismo é particularmente rica na ilustração desse trabalho conflituoso de apropriação racional e transformadora dos conteúdos religiosos veiculados pelas comunidades de crentes, sendo impensável a modernidade ocidental sem a *dupla herança* da espiritualidade judaico-cristã e da racionalidade grega, isto é, sem a permanente e produtiva relação de tensão entre a *fé* (religiosa) de Jerusalém e o *saber* (filosófico) de Atenas.

Fé e saber

(Prêmio da Paz concedido pela Associação dos Livreiros da Alemanha, 2001)

Jürgen Habermas

Se a preocupante situação atual nos tira a possibilidade de escolher o tema, é grande a tentação de, como verdadeiros intelectuais John Waynes, competir para ver quem saca e atira mais rápido. Ainda há pouco os espíritos se dividiam a respeito de outro tema: se e em que medida deveríamos submeter-nos a uma autoinstrumentalização ou mesmo perseguir a meta de uma auto-otimização por meio da engenharia genética. Durante os primeiros passos nesse caminho, deflagrou-se uma luta de valores últimos entre os defensores da ciência organizada e as Igrejas. Um dos lados temia o obscurantismo e uma exaltação de sentimentos arcaicos que alimentassem o ceticismo em relação à ciência, ao passo que o outro lado se voltava contra a crença no progresso científico, própria de um naturalismo cru que pretenderia enterrar a moral. Mas em 11 de setembro a tensão entre a sociedade secular e a religião explodiu de um modo inteiramente diverso.

Decididos ao suicídio, os assassinos que transformaram máquinas de aviação civil em mísseis vivos, dirigindo-os contra as cidadelas capitalistas da civilização ocidental, foram motivados por convicções religiosas – conforme ficamos sabendo, nesse meio tempo, pelo testamento de Atta e pelas palavras de Osama Bin Laden. Para eles, os marcos da modernidade globalizada incorporavam o Grande Satã. Mas, também entre nós, testemunhas oculares universais desse acontecimento "apocalíptico" transmitido pela televisão, o instante da queda das torres gêmeas de Manhattan, repetido à exaustão de maneira masoquista, acabou por inspirar imagens bíblicas. E a linguagem da vingança, com a qual o presidente americano não foi o único a reagir ao incompreensível, adquiriu um tom de Velho Testamento. Como se o estonteante atentado fizesse vibrar uma corda religiosa no mais íntimo da sociedade secular, as sinagogas, as igrejas e as mesquitas se viram subitamente lotadas em toda parte. Por outro lado, essa conexão invisível não levou a comunidade enlutada de civis e religiosos que se reuniu há três semanas, em um estádio de Nova York, a uma expressão simétrica de ódio: mesmo com todo o patriotismo, não ressoou nenhuma conclamação por um deslimite bélico do direito penal nacional.

Apesar de sua linguagem religiosa, o fundamentalismo é um fenômeno exclusivamente moderno. O que chama particularmente a atenção nos terroristas islâmicos é a assincronia entre os motivos e os meios. Reflete-se nisso a assincronia entre cultura e sociedade nos países natais desses terroristas, algo que só se constituiu em decorrência de uma modernização acelerada e fortemente desenraizadora. Aquilo que em condições mais favoráveis poderia ser vivido, entre nós, como um processo de destruição *criadora*, não oferece por lá qualquer compensação perceptível para a dor que acompanha o declínio das formas de vida tradicionais. Nesses países, a perspectiva de uma melhoria das condições materiais de vida é apenas uma perspectiva. O mais decisivo é que se bloqueia, por meio dos sentimentos de degradação, a transformação espiritual que se expressaria politicamente na separação entre religião e Estado. Também na Europa, que a história levou séculos para tornar sensível à cabeça de Jano da modernidade, a "secularização" continua a ser dominada por sentimentos ambivalentes – como se percebe na disputa em torno da engenharia genética.

Há ortodoxias endurecidas tanto no Ocidente como no Oriente Médio e no Extremo Oriente; entre cristãos e judeus, como entre muçulmanos. Quem quer evitar uma guerra de culturas precisa ter em mente a dialética inconclusa do nosso próprio processo ocidental de secularização. A "guerra contra o terror" não é uma guerra, e no terrorismo também se expressa um choque desastrosamente silencioso de dois mundos que precisariam desenvolver uma linguagem comum, para além da violência muda dos terroristas e dos mísseis. Em vista de uma globalização imposta por meio de mercados sem limites, muitos de nós têm a esperança de um retorno do político sob outra forma – não a forma hobbesiana original de um Estado de segurança globalizado, ou seja, com dimensões de polícia, serviço secreto e forças militares, mas a de um poder mundial de configuração civilizadora. No momento não nos resta muito mais do que a pálida esperança em alguma astúcia da razão – e um pouco de autor-reflexão. Pois aquela ruptura muda cinde também a nossa própria casa. Nós só conseguiremos aferir adequadamente os riscos de uma secularização que saiu dos trilhos em outros lugares, se tivermos claro o que significa a secularização em nossas sociedades pós-seculares. Com este intuito eu retomo aqui o velho tema "fé e saber". Vocês não devem, portanto, esperar por um "discurso eloquente", polarizador, que faça alguns pularem de entusiasmo, enquanto outros permanecerão sentados.

Secularização na sociedade pós-secular

A palavra "secularização" teve, a princípio, o significado jurídico de uma transferência compulsória dos bens da Igreja para o poder público secular. Esse significado foi transmutado para o surgimento da modernidade cultural e social como um todo. Desde então, apreciações opostas têm sido associadas à "secularização", conforme se coloque em primeiro plano ora a bem sucedida *domesticação* da autoridade eclesiástica pelo poder mundano, ora o ato de *apropriação* ilícita. De acordo com primeira leitura, modos de pensar e formas de vida religiosas são *substituídos* por equivalentes racionais, em todo caso superiores; de acordo com a outra leitura, as formas modernas de vida e pensamento são *desacreditadas* como bens furtados ilegitimamente. O modelo da substituição sugere uma interpretação otimista e progressista para uma modernidade desencantada; o modelo da apropriação forçada, uma interpretação teórica para o que seria a ruína de uma modernidade desamparada. As duas explicações cometem o mesmo erro. Elas consideram a secularização um jogo de soma zero entre, de um lado, as forças produtivas da ciência e da técnica, liberadas pelo capitalismo e, de outro, os poderes conservadores da religião e da Igreja. Um só pode ganhar à custa do outro, e isto segundo as regras liberais de um jogo que favorece as forças motrizes da modernidade.

Essa imagem não é adequada a uma sociedade pós-secular que se ajusta à sobrevivência de comunidades religiosas em um ambiente cada vez mais secularizante. Não é levado em conta o papel civilizador de um senso comum [*Commonsense*] democraticamente esclarecido que, em meio aos ânimos exacerbados da luta cultural, funciona como um terceiro partido, pavimentando seu próprio caminho entre a ciência e a religião. É certo que, do ponto de vista do Estado liberal, só merecem o predicado "razoáveis" as comunidades religiosas que, *segundo seu próprio discernimento*, renunciam à imposição violenta de suas verdades de fé, à pressão militante sobre as consciências de seus próprios membros, e tanto mais à manipulação para atentados suicidas.[1] Esse discernimento se deve

---

[1] Rawls, *Politischer Liberalismus*, p.132-141; Forst, Toleranz, Gerechtigkeit, Vernunft, p.144-161.

a uma tríplice reflexão dos fiéis sobre a sua posição em uma sociedade pluralista. Primeiramente, a consciência religiosa tem de assimilar o encontro cognitivamente dissonante com outras confissões e religiões. Em segundo lugar, ela tem de adaptar-se à autoridade das ciências, que detêm o monopólio social do saber mundano. Por fim, ela tem de adequar-se às premissas do Estado constitucional, que se fundam em uma moral profana. Sem esse impulso reflexivo, os monoteísmos acabam por desenvolver um potencial destrutivo em sociedades impiedosamente modernizadas. A expressão "impulso reflexivo" [*Reflexionsschub*] dá a falsa impressão de um processo concluído e realizado unilateralmente. Na verdade, porém, esse trabalho reflexivo dá um novo passo a cada conflito que irrompe nos campos de batalha da esfera pública democrática.

Tão logo uma questão existencialmente relevante vá para a agenda política, os cidadãos — tanto crentes como não crentes — entram em colisão com suas convicções impregnadas de visões de mundo e, à medida que trabalham as agudas dissonâncias desse conflito público de opiniões, têm a experiência do fato chocante do pluralismo das visões de mundo. Quando aprendem a lidar pacificamente com esse fato na consciência de sua própria falibilidade – sem rasgar, portanto, o laço de uma comunidade política –, eles reconhecem o que significam, em uma sociedade pós-secular, as condições *seculares* da tomada de decisões, estabelecidas pela Constituição. No conflito entre as pretensões do saber e as pretensões da fé, o Estado, sendo neutro no que diz respeito às visões de mundo, não tem qualquer predisposição a tomar decisões políticas em favor desta ou daquela parte. A razão pluralizada do público constituído pelos cidadãos do Estado só segue uma dinâmica de secularização na medida em que força, *no resultado*, a um distanciamento igual em relação às tradições fortes e aos conteúdos impregnados de visões de mundo. Sem renunciar à sua autonomia, ela permanece contudo aberta, como que osmoticamente, para a possibilidade de aprender com *ambas* as partes do conflito.

O esclarecimento científico do senso comum

É claro que o senso comum, que produz tantas ilusões sobre o mundo, tem de ser esclarecido sem reservas pelas ciências. Mas as teorias científicas que penetram o mundo da vida deixam intacto, em seu cerne, *o quadro* do nosso saber cotidiano, no qual se constitui a autocompreensão de pessoas capazes de falar e agir. Quando aprendemos algo novo sobre o mundo, e sobre nós como seres no mundo, modifica-se o conteúdo de nossa autocompreensão. Copérnico e Darwin revolucionaram a imagem geocêntrica e antropocêntrica do mundo. Mas a destruição da ilusão astronômica sobre a órbita das estrelas deixou menos sinais no mundo da vida que o fim da ilusão biológica sobre o lugar do homem na história natural. Os conhecimentos científicos parecem inquietar tanto mais nossa autocompreensão, quanto mais próximos eles nos deixam diante do nosso próprio corpo. As pesquisas sobre o cérebro nos fornecem ensinamentos sobre a fisiologia de nossa consciência. Mas isso ocasiona alguma mudança na consciência intuitiva de autoria e responsabilidade que acompanha todas as nossas ações?

Se nós olhamos com Max Weber para o começo do "desencantamento do mundo", vemos o que está em jogo. Na medida em que a natureza se torna acessível à observação objetivante e à explicação causal, ela é despersonalizada. A natureza pesquisada pela ciência escapa ao sistema social de relações entre pessoas vivas que agem e falam umas com as outras, atribuindo-se reciprocamente motivos e intenções. O que ocorre com essas pessoas, porém, se elas passam, cada vez mais, a subsumir *a si próprias* sob as descrições dadas pelas ciências naturais? O senso comum acabará se deixando não apenas doutrinar, mas também se consumir dos pés à cabeça pelo saber contraintuitivo das ciências? O filósofo Winfrid Sellars levantou essa questão em 1960 (em uma famosa conferência sobre "Philosophy and the Scientific Image of Man"*), e respondeu com o cenário de uma sociedade em que os jogos de linguagem ultrapassados do nosso cotidiano seriam substituídos pela descrição objetivante dos processos conscientes.

O ponto de fuga dessa naturalização do espírito é uma imagem científica do ser humano realizada segundo os conceitos extensionais da física, da neurofisiologia ou da teoria da evolução, que também dessocializa completamente a nossa autocompreensão. Isto só pode acontecer, evidentemente, quando a intencionalidade da consciência humana e a normatividade de nosso agir se reduzem a esse tipo de autodescrição sem deixar resto. As teorias teriam de explicar, por exemplo, como as pessoas seguem ou quebram regras – regras gramaticais, conceituais ou morais.[2] Os discípulos de Sellars compreenderam o seu experimento aporético de pensamento,

---

* "A filosofia e a imagem científica do homem." (N. T.)

2 Sellars, *Science, Perception and Reality*, p.38.

Fé e saber

equivocadamente, como um programa de pesquisa.³ O projeto de uma modernização de nossa psicologia cotidiana,⁴ realizada nos moldes das ciências naturais, já levou a tentativas de elaborar uma semântica que fosse capaz de explicar biologicamente os conteúdos do pensamento.⁵ Mas também essas propostas mais extremadas parecem fracassar por conta do fato de que o conceito de conformidade a fins, que introduzimos no jogo de linguagem darwinista de mutação e adaptação, seleção e sobrevivência, é pobre demais para abarcar a diferença entre ser e dever ser [*Sein und Sollen*] que está em

---

3 Churchland, *Scientific Realism and the Plasticity of Mind*.
4 Greenwood, *The Future of Folk Psychology*, p.1-21.
5 Detel, Teleosemantik. Ein neuer Blick auf den Geist?, p.465-491. A teleossemântica gostaria de mostrar, com base em premissas neodarwinistas e em análises conceituais, como a consciência normativa de seres vivos que empregam símbolos e representam estados de coisas poderia ter se desenvolvido. De acordo com ela, a constituição intencional do espírito humano surge da vantagem seletiva de determinados modos de comportamento (como da dança das abelhas), que são interpretados pelos congêneres como representações. Sobre o pano de fundo de cópias desse gênero, que se tornaram hábitos, os modos de comportamento desviante devem poder ser interpretados como representações falhas – com isso a origem da normatividade teria encontrado uma explicação natural.

jogo quando nós burlamos regras – quando empregamos um predicado equivocadamente ou agimos contrariamente a um mandamento moral.[6]

Quando se descreve como uma pessoa fez algo que não queria, e que não deveria ter feito, simplesmente ela é *descrita* – mas não do mesmo modo como se descreve um objeto da ciência natural. Pois na descrição de pessoas aparecem, tacitamente, momentos da autocompreensão pré-científica de sujeitos capazes de falar e agir. Quando descrevemos um acontecimento como a ação de uma pessoa, nós sabemos, por exemplo, que aquilo que descrevemos pode não apenas ser *explicado* como um acontecimento natural, mas, se necessário, ser também *justificado*. O pano de fundo para isso é a imagem de pessoas que podem exigir satisfação umas das outras, que estão envolvidas desde o começo em interações normativamente regradas, e que se encontram umas com as outras em um universo de argumentos públicos.

Como elemento do dia a dia, essa perspectiva esclarece a diferença entre o jogo de linguagem da justificação e aquele da *mera* descrição. Esse dualismo estabelece um limite também para estratégias

---

6 Detel, Haben Froschen und Sumpfmenschen Gedanken? Einige Probleme der Teleosemantik, p.601-626.

não reducionistas[7] de explicação. Também elas adotam descrições a partir da perspectiva de um observador, à qual a perspectiva do participante de nossa consciência cotidiana (de que se alimenta também a práxis de justificação da pesquisa) não pode ser ajustada ou subordinada sem violência. Na vida cotidiana, nós dirigimos o olhar a pessoas a que chamamos de "tu". Somente nesta posição em face da segunda pessoa podemos compreender o "sim" e o "não" dos outros, as posições passíveis de crítica que devemos e exigimos uns para com os outros. Essa consciência de uma autoria obrigada a se justificar é o núcleo de uma autocompreensão que se abre apenas na perspectiva de um participante, mas escapa a uma observação científica corretiva. A crença cientificista em uma ciência que possa um dia não apenas complementar, mas *substituir* a autocompreensão pessoal por uma autodescrição objetivante, não é ciência, é má filosofia. Mesmo o senso comum esclarecido cientificamente não será privado por nenhuma ciência

---

[7] Essas estratégias dão conta da complexidade de propriedades que vão surgindo em níveis mais elevados de desenvolvimento (da vida orgânica ou mental), na medida em que evitam descrever processos desses níveis mais elevados com conceitos que servem para níveis menos elevados de desenvolvimento.

de, por exemplo, julgar como devemos lidar com a vida humana pré-pessoal sob descrições da biologia molecular que tornam possíveis as intervenções da engenharia genética.

Tradução cooperativa de conteúdos religiosos

O senso comum está entrelaçado, portanto, com a consciência de pessoas que podem tomar iniciativas, cometer erros e corrigi-los. Em oposição às ciências, ele afirma a sua estrutura perspectivística de maneira muito própria. Por outro lado, essa mesma consciência de autonomia, que não é compreensível de forma naturalista, funda a distância em relação a uma tradição religiosa de cujos conteúdos normativos, contudo, também nos nutrimos. Com a exigência de justificativas racionais, o esclarecimento científico parece, por seu turno, trazer para o seu lado um senso comum que firmou seu lugar no edifício – construído segundo o direito racional – do Estado constitucional democrático. Evidentemente, também o direito racional igualitário tem raízes religiosas – raízes naquela revolução do modo de pensar que coincide com a ascensão das grandes religiões mundiais. Mas essa legitimação do direito e da política nos termos do direito racional se alimenta de fontes da tradição religiosa há muito tempo profanadas. Ao contrário da religião, o senso comum democraticamente esclarecido mantém-se sobre bases que são aceitáveis não somente para os membros de *uma* comunidade religiosa. É por isso que o Estado liberal continua a despertar a suspeita, entre os fiéis, de que a secularização ocidental possa ser uma via de mão única em que a religião será marginalizada.

A liberdade religiosa tem como contrapartida, de fato, uma pacificação do pluralismo das visões de mundo cujos custos se mostraram desiguais. Até aqui, o Estado liberal só exige dos que são crentes entre seus cidadãos que dividam a sua identidade, por assim dizer, em seus aspectos públicos e privados. São eles que têm de traduzir as suas convicções religiosas para uma linguagem secular antes de tentar, com seus argumentos, obter o consentimento das maiorias. É assim que, quando querem reclamar o estatuto de portador de direitos fundamentais para os óvulos fecundados fora do corpo materno, os católicos e protestantes procuram hoje (talvez prematuramente) traduzir a imagem e semelhança a Deus da criatura humana para a linguagem secular do direito constitucional. Mas a procura por argumentos voltados à aceitabilidade universal só não levará a religião a ser injustamente excluída da esfera pública, e a sociedade secular só não será privada de importantes recursos para a criação de sentido, caso o lado secular se mantenha sensível para a força de articulação das linguagens religiosas. Os limites entre os argumentos seculares e religiosos são inevitavelmente fluidos. Logo, o estabelecimento da fronteira controversa deve ser compreendido como uma tarefa cooperativa em que se exija dos *dois* lados aceitar também a perspectiva do outro.

A política liberal não deve externalizar o persistente conflito sobre a autocompreensão secular da sociedade, ou seja, deslocando-o para a cabeça dos religiosos. O senso comum democraticamente esclarecido não é algo singular, mas algo que descreve a constituição mental de uma esfera pública *com muitas vozes*. As maiorias seculares não devem chegar a conclusões, em questões desse tipo, antes de dar ouvidos à objeção dos oponentes que se sentem lesados em suas convicções religiosas; elas devem considerar essa objeção como uma espécie de veto suspensivo e verificar o que podem aprender com isso. No que diz respeito à origem religiosa de seus fundamentos morais, o Estado liberal deveria contar com a possibilidade de que, diante de desafios inteiramente novos, a "cultura do comum entendimento humano" (Hegel) possa não alcançar o nível de articulação da história de seu próprio surgimento. A linguagem do mercado penetra hoje todos os poros, forçando todas as relações entre seres humanos a encaixar-se no esquema de uma orientação autorreferente de acordo com as próprias preferências. No entanto, o vínculo social que se prende ao reconhecimento recíproco não se ajusta aos conceitos do contrato, da escolha racional e da maximização da utilidade.[8]

Por isso Kant não queria deixar o dever categórico desaparecer sob a onda do interesse autoesclarecido. Ele ampliou a liberdade de arbítrio de modo a abarcar a autonomia e, com isso, forneceu o primeiro grande exemplo – após a metafísica – de uma desconstrução ao mesmo tempo secularizante e salvadora das verdades de fé. A autoridade dos mandamentos divinos tem um eco na validade incondicional dos deveres morais que não podemos deixar de escutar. Com o seu conceito de autonomia, Kant certamente destrói a representação tradicional da nossa filiação divina.[9] Mas ele só percebeu as consequências mais banais dessa deflação esvaziante através de uma *apropriação* do conteúdo religioso. Sua tentativa de traduzir o

---

8 Honneth, *Kampf um Anerkennung*.
9 O prefácio à primeira edição de *A religião nos limites da simples razão* começa com a frase: "Na medida em que está fundada no conceito do ser humano como um ser livre que, justamente por isso, prende-se a si mesmo, através

mal radical da linguagem bíblica para a linguagem da religião racional pode parecer-nos pouco convincente. Tal como mostra hoje, uma vez mais, o uso desenfreado dessa herança bíblica, nós ainda não dispomos de um conceito apropriado para a diferença semântica entre o moralmente incorreto e o profundamente mal. Não existe o demônio, mas o anjo caído segue seu curso calamitoso – seja nos bens invertidos da ação monstruosa, seja também no incontornável ímpeto de vingança que o segue de perto.

Linguagens seculares que apenas eliminam aquilo em que se acreditava causam perturbação. Quando o pecado se transformou em culpa, e o comportamento contrário aos mandamentos divinos em violação às leis humanas, algo se perdeu. Pois ao desejo de perdão está sempre ligado o desejo não sentimental de desfazer o sofrimento infligido ao outro. O que mais nos perturba a princípio é a irreversibilidade de um sofrimento *já ocorrido* – aquela injustiça com os inocentes prejudicados, desonrados e assassinados que ultrapassa qualquer

---

de sua razão, em limites incondicionados, a moral não precisa nem da ideia de um outro ser sobre ele, para reconhecer seus deveres, nem de um outro motivo que não a própria lei". (Kant, *Die Religion...*, p.649.)

possibilidade humana de reparação. A esperança perdida na ressurreição deixa atrás de si um perceptível vazio. O justificável ceticismo de Horkheimer quanto à efusiva esperança de Benjamin na força reparadora da rememoração humana – "os derrotados são realmente derrotados" – não desmente o impulso, ainda que impotente, de ainda mudar algo do que já não pode ser mudado. A troca de correspondência entre Benjamin e Horkheimer data do começo de 1937. Ambos – o verdadeiro impulso e sua impotência – continuaram, após o holocausto, na práxis tão necessária quanto terrível de uma "reelaboração do passado" (Adorno). E é o mesmo impulso que se manifesta, por sinal, na crescente queixa contra a inadequação dessa prática. Os filhos e filhas não religiosos da modernidade parecem acreditar, nesses momentos, que são mais culpados uns em relação aos outros, e mesmo que necessitam de mais do que lhes seria disponível na tradução da tradição religiosa – como se o potencial semântico desta não estivesse esgotado.

Filosofia e religião em luta pela herança

A história da filosofia alemã desde Kant pode ser compreendida como um processo judicial em que são tratadas essas questões de partilha da herança. A helenização do cristianismo havia conduzido a uma simbiose entre a religião e a metafísica. Kant volta a separá-las. Ele traça um limite preciso entre a fé moral da religião racional e a fé revelada positiva, que teria conduzido a um melhoramento da alma, mas, "com seus amuletos, estatutos e prescrições", teria acabado por tornar-se "uma amarra".[10] Para Hegel, isso é puro "dogmatismo do Esclarecimento". Ele zomba da vitória de Pirro de uma razão que, como os bárbaros vencedores que se subordinam ao espírito da nação vencida, só mantêm "a supremacia no que diz respeito à dominação exterior".[11] No lugar de uma razão *que traça limites*, aparece uma razão *que toma para si*. Hegel faz da morte do filho de Deus na cruz o centro de um pensamento que quer incorporar o conteúdo positivo do cristianismo. O tornar-se homem de Deus simboliza a vida do espírito filosófico. Também o Absoluto tem de externalizar-se no outro de si mesmo, pois ele só tem a experiência de si como poder absoluto quando se reelabora a partir da dolorosa negatividade da autolimitação. Assim, com efeito, os conteúdos religiosos são

---

10 Kant, *Die Religion...*, p.785.
11 Hegel, *Glauben und Wissen*, p.287.

superados na forma do conceito filosófico. Mas Hegel sacrifica a dimensão histórica de salvação do futuro em nome de um processo do mundo que gira *em torno de si mesmo*.

Os discípulos de Hegel rompem com o fatalismo dessa desesperadora antevisão de um eterno retorno do mesmo. Eles não querem mais superar a religião no pensamento, mas sim realizar os seus conteúdos profanados através do esforço solidário. Esse *pathos* de uma efetivação dessublimadora do reino de Deus na Terra move a crítica à religião desde Feuerbach e Marx até Bloch, Benjamin e Adorno: "Nenhum conteúdo teológico permanecerá sem modificação; todos terão de passar pela prova e transformar-se em conteúdos seculares, profanos".[12] Nesse meio tempo, o curso da história havia tratado de mostrar que a razão se vê sobrecarregada com esse projeto. Na medida em que, com isso, a razão acaba por *desesperar-se consigo mesma*, Adorno se socorreu, mesmo que para fins estritamente metodológicos, do ponto de vista messiânico: "a única luz que o conhecimento possui é aquela que a redenção faz brilhar sobre o mundo".[13] A esse Adorno se aplica a frase que

---

12 Adorno, Vernunft und Offenbarung, p.20.

13 Adorno, *Minima Moralia*, p.480.

Horkheimer cunhou para a teoria crítica como um todo: "Ela sabe que Deus não existe, mas ainda assim acredita nele".[14] Sob outras premissas, Jacques Derrida (também deste ponto de vista um merecido ganhador do Prêmio Adorno) adota hoje uma posição semelhante. Ele só quer conservar do messianismo "o mais mínimo elemento messiânico, que tem de estar despido de tudo".[15]

Evidentemente, a região limítrofe entre a filosofia e a religião é um terreno minado. Uma *razão que desmente a si mesma* cai facilmente na tentação de simplesmente tomar para si a autoridade e o gesto de um sagrado desessencializado, tornado anônimo. Em Heidegger, a devoção (*Andacht*) se transforma em rememoração (*Andenken*). Nós não temos qualquer ganho compreensivo, contudo, com a dissolução do Dia do Juízo Final da história bíblica em um acontecimento indeterminado da história do Ser. Quando o pós-humanismo procura realizar-se no retorno aos primórdios arcaicos *antes* de Cristo e *antes* de Sócrates, soa a hora do *kitsch* religioso. As lojas de arte abrem então as suas portas para os altares de todo o mundo, para os

---

14 Horkheimer, *Gesammelte Schriften*, v.14, p.508.
15 Derrida, Glauben und Wissen, p.33; cf. também Derrida, Den Tod Geben.

padres e xamãs que chegam de todos os lados para a *vernissage*. Diante disso, a razão *profana*, mas *não derrotista*, tem tanto respeito pelo núcleo incandescente que continua a acender-se na questão da teodiceia que prefere não se aproximar demais da religião. Ela sabe que a profanação do sagrado começa com aquelas religiões mundanas que desencantaram o mágico, superaram o mito, sublimaram o sacrifício e desvendaram o mistério. Ela pode guardar distância da religião, portanto, sem fechar-se para as suas perspectivas.

O exemplo da engenharia genética

Essa atitude ambivalente também pode colocar na direção correta o autoesclarecimento de uma sociedade civil cindida pela luta cultural. A sociedade pós-secular continua na própria religião o trabalho que esta realizou sobre o mito. Não mais, contudo, com o propósito híbrido de uma apropriação hostil, e sim no interesse de, na própria casa, opor algum sentido à entropia sorrateira dos recursos escassos. O senso comum democraticamente esclarecido tem de temer também a indiferenciação midiática e a trivialização tagarela de todas as diferenças de importância. As emoções morais que até aqui só encontravam uma expressão suficientemente diferenciada na linguagem religiosa podem, agora, adquirir uma ampla repercussão tão logo se estabeleça uma formulação de resgate para algo que quase se perdeu, mas do qual se sente falta implicitamente. Uma secularização não aniquiladora se realiza no modo da tradução.

Na controvérsia sobre como lidar com os embriões humanos, por exemplo, muitas vozes se remetem a Moisés I, 27: "Deus criou o homem à sua imagem, à imagem de Deus ele o criou". Não é preciso acreditar que Deus, que é amor, atribui a Adão e Eva um ser livre semelhante ao seu, para compreender o que significa algo ser criado à imagem de algo. O amor não pode existir sem o reconhecer-se em um outro, a liberdade não pode existir sem o reconhecimento recíproco. Essa reciprocidade na figura humana, por seu turno, tem de ser livre para poder retribuir a doação de Deus. Apesar de ter sido criado à imagem do primeiro, também o outro, evidentemente, é representado como criatura de Deus. No que diz respeito à sua origem, ele não pode ter nascido juntamente com Deus. Essa *criabilidade* à imagem de algo expressa uma intuição que, em nosso contexto, também pode dizer algo aos que não se sintonizam com a religião. Hegel tinha uma sensibilidade especial para a diferença entre a "criação" divina e o mero "provir" de Deus.[16] Deus só permanece um "Deus de homens livres" na medida em que não desfaçamos a diferença absoluta entre criador e criatura. Até esse ponto, a doação de uma forma por Deus não significa uma determinação que impeça a autodeterminação humana.

Esse criador, sendo Deus criador e Deus redentor em um só, não precisa operar segundo leis da natureza, como um técnico, nem segundo regras de um código, como um programador de informática. Desde o princípio, a voz de Deus que conclama à vida se comunica no interior de um universo moralmente sensível. É por isso que Deus pode "determinar" os homens no sentido de que ao mesmo tempo os capacita e os obriga à liberdade. Ora, não é preciso acreditar nas premissas teológicas para entender que, se desaparecesse a diferença assumida no conceito de criação, e no lugar de Deus entrasse um sujeito qualquer, entraria em cena uma dependência de tipo inteiramente não causal. Seria esse o caso, por exemplo, se um homem quisesse interferir na combinação casual

---

16 Muito embora a noção de "emergência" (*Emergenz*) se contraponha ao seu próprio conceito da ideia absoluta, que gera a natureza "a partir de si". Cf. Hegel, *Vorlesungen über die Philosophie der Religion*, p.55 et seq. e p.92 et seq.

dos cromossomos paterno-maternos segundo suas próprias preferências, sem ao menos supor contrafaticamente um consenso com o outro concernido. Esse modo de ver as coisas levanta uma questão de que já tratei em outra parte. O primeiro homem a determinar um outro em seu ser-assim natural, *a seu bel-prazer*, não destruiria aquelas mesmas liberdades que existem entre iguais para, assim, assegurar a sua diferença?

Laudatio

Jan Philipp Reemstma

Houve quem tentasse, nos últimos tempos, negar o significado histórico da obra de Habermas através da sua delimitação histórica. Habermas seria o filósofo da velha República Federativa da Alemanha. Na nova República – a berlinense, ou como se queira chamá-la – pode-se honrá-lo, não é mais preciso escutá-lo. Assim, o Prêmio da Paz concedido pela Associação dos Livreiros da Alemanha poderia cair bem para todos: tanto para os fãs como para os detratores, que nele veriam a consolidação da delimitação histórica como uma forma definitiva. Discutir meras opiniões não é interessante. Mais interessante é mostrar que o argumento não procede. A localização histórica do projeto de filosofia e teoria social empreendido por Jürgen Habermas não o torna uma peça de museu. Seria uma estupidez concluir que, do fato de algo ser analisável em sua gênese, seu tempo de validade estaria restrito às circunstâncias desta.

Mas não se pode negar: quem aceita um convite para ir hoje à República Popular da China, quem olha as estantes de filosofia das livrarias inglesas ou americanas, não tem como não constatar que Jürgen Habermas é *o* filósofo *da* República Federal da Alemanha. Embora ninguém questione a validade deste genitivo subjetivo, muitos o entenderão também como objetivo e pensarão nos jornalistas políticos. Eu gostaria, no entanto, de dar um passo a mais e tirar a questão da localização histórica do âmbito dessas obviedades, pois somente assim se pode sair da equiparação entre ser historicamente situado e ser ultrapassado. Para usar uma das citações preferidas do homenageado: *Contra Deum nisi Deus ipse.**

Resistirei à tentação de reduzir o conjunto da obra a um denominador temático que, diante da sua complexidade, nos levaria na melhor das hipóteses a um bem intencionado "sim... mas...". Em vez disso, tomarei um conceito que, longe de ser teórico ou técnico, é uma espécie de ideia condutora que,

---

* Ninguém pode contra Deus a não ser o próprio Deus. (N. T.)

por estranho que soe, me levará tanto ao centro do projeto teórico de Habermas como aos traços históricos que a República Federal da Alemanha parece mostrar em sua forma particularmente precária – ora frágil, ora evidentemente bem-sucedida. Trata-se da ideia condutora da possibilidade de integração [*Anschliebbarkeit*]. O leitor da *Teoria da ação comunicativa*, por exemplo, tem uma prova duradoura da capacidade de integração das teorias; uma prova em princípio formal, mas que se mostra também na experiência de uma inquietação, quando o leitor gostaria de saber "como vai continuar", e sobretudo através do exame de uma interpretação concorrente de Weber (1, 2, 3 e a, b, c), que dá a indicação necessária de que aqui não se trata de uma mania de completude, mas sim de um princípio:

> A capacidade de apropriar-se das melhores tradições e trabalhá-las é [...] um sinal da capacidade de integração [*Anschlussfähigkeit*] e da força compreensiva das teorias sociais que visam sempre também à realização de um determinado paradigma de sociedade enraizado na autocompreensão coletiva.[1]

---

[1] Habermas, *Theorie des kommunikativen Handelns*, v.2, p.298.

A questão de provar a possibilidade de integração não é apenas uma questão de esforçar-se pela integração, mas também de proceder a um exame crítico: um cientista social que se ocupa de investigar quais os fundamentos que levaram determinadas teorias a ter "adquirido significado" deve, segundo Habermas, atualizar os fundamentos

> com que novas ideias se impuseram. Não basta o cientista social convencer-se ele próprio desses fundamentos para compreendê-los; mas ele não os compreende se, ao menos implicitamente, não *toma posição em relação a eles*.[2]

O princípio da prova da possibilidade de integração constitui o ritmo da linguagem teórica de Habermas. Ela desenvolve uma parte de uma teoria já existente até um final dilemático, aporético ou simplesmente insatisfatório, e este final se torna o ponto no qual uma outra teoria pode ser integrada para que o processo teórico como um todo possa prosseguir. Como "trabalho construtivo de quebra-cabeça", o próprio Habermas falou disso uma vez – ironicamente, fazendo pouco caso.[3] O direcio-

---

2 Ibid., v.1, p.269.
3 Id., Dialektik der Rationalisierung, p.207.

namento teleológico para a sua própria teoria da ação comunicativa, que é mais do que uma "síntese argumentativa"[4] das teorias já existentes, não é tão bem-sucedido nesse ponto – a dinâmica do esforço de integração está nela incorporada. A teoria da ação comunicativa demonstra como *proof of the pudding** a possibilidade de satisfação, mas não de *afastamento* do seu desejo de integração. Habermas gostaria, segundo ele próprio diz um pouco antes do final do segundo volume, de

> enfatizar o caráter inteiramente aberto e a capacidade de integração de toda proposta feita em termos de teoria da sociedade [...], cuja proficuidade só pode ser avaliada em pesquisas independentes nas ciências sociais e na filosofia.[5]

A questão da possibilidade de integração marca decisivamente já os *Perfis filosófico-políticos*, publicados pela primeira vez em 1971, com os ensaios dos anos 1950 sobre Gehlen, Plessner, Heidegger e Jaspers (dois para cada um destes dois últimos), e

---

4 Ibid.
* Prova do pudim. (N. T.)
5 Habermas, *Theorie des kommunikativen Handelns*, v.2, p.562.

dos anos 1960 sobre Bloch, Löwith, Mitscherlich, Wittgenstein, Jaspers (de novo), além daqueles sobre Arendt, Abendroth, Marcuse e dois sobre Adorno (um deles como homenagem póstuma). Nesses trabalhos de juventude se encontram as marcas de um mapa intelectual que mostra com impressionante clareza aonde o caminho deve levar, onde ele permanece aberto, como ele deve ser pavimentado. A informação passada ao leitor no prefácio à primeira edição da *Teoria da ação comunicativa*, de que durante os trabalhos preparatórios, enquanto se ocupava dos detalhes das provas da possibilidade de integração, o autor teria momentaneamente "perdido de vista a finalidade de toda a investigação", pode servir como reminiscência biográfica de sua própria veracidade. O leitor tem diante dos olhos um acontecimento em cujos detalhes – ou curvas, para lembrar a tradução benjaminiana da palavra "método" por "desvio" – os alvos previamente traçados podem ser atingidos com segurança (este é, de fato, o significado próprio de "methodos": *step by step**).

Mas para mim isso é menos importante que o fato de o conceito por mim escolhido, a possibilidade de integração – que, devemos admitir, funciona

---

* Passo a passo. (N. T.)

um pouco timidamente e não tem tanta originalidade (uma teoria que trata da ação comunicativa não deveria enfrentar a questão das condições das articulações comunicativas de maneira matizada e apresentá-la em si mesma?) –, ser acompanhado, ou mesmo fundado, por uma emoção que revela grande importância histórica – *deste* ponto de vista, apontar para ela é tudo menos trivial. Em 1958, Habermas escreve o seguinte sobre a filosofia da comunicação de Karl Jaspers:

> Assim, todos os pensamentos filosóficos estão sob a seguinte questão como seu critério supremo: eles estimulam ou dificultam a comunicação? O isolamento voluntário sob o terror do regime nazista aprofundou as experiências de Jaspers, já ocorridas em sua história anterior de vida, nas quais a quebra da comunicação lhe aparece como o mal puro e simples.[6]

Depois de 1945, o problema já não se coloca sob as condições do isolamento intelectual – a questão da possibilidade de integração se coloca como um problema de escolha. Por isso é tão significativo, como sinalização, seja para os jornalistas políticos,

---

6 Habermas, *Philosophische-politische Profile*, p.87.

seja – apesar das observações de caráter introdutório – para os teóricos do discurso filosófico da modernidade, o primeiro artigo (cronologicamente falando) dos *Perfis filosófico-políticos*: "O filósofo Martin Heidegger nos interessa aqui não como filósofo, mas em sua repercussão política". Como contraposição a esta surgiria a "proteção da crítica pública em seus direitos"; ela teria de "esclarecer as condições sob as quais ocorrem perturbações da esfera pública, de modo a evitar tais perturbações no futuro".[7] *Videant philosophi ne quid res publica detrimenti capiat** – tratava-se da publicação da *Introdução à metafísica* de Heidegger, uma publicação sem modificações[8] de preleções do ano de 1935, contendo a fórmula da "grandeza e verdade interna" do movimento nacional-socialista.

---

7 Ibid., p.65.

* Os filósofos devem cuidar para que a República não sofra prejuízos. (N. T.)

8 Elas não foram publicadas *inteiramente* sem modificações, e quanto a isso há uma passagem curiosa. Habermas citou Heidegger do seguinte modo: "com a grandeza e verdade interna desse movimento (a saber, com o encontro da técnica globalmente determinada e do homem moderno)" (ibid., p. 66). Christian Lewalter criticou Habermas, em um artigo no *Zeit*, por não interpretar o fato de Heidegger colocar a frase entre aspas como um claro distanciamento do movimento

Fé e saber

A propósito desse escândalo filosófico e político, Habermas levantou a questão da "inteligência fascista", e a formulou em duplo sentido: como a pergunta pela pré-história do nacional-socialismo, e como a pergunta pela sua pós-história, já então com oito anos, que seria "caracterizada por evitar constantemente esse problema".[9] E ele condena esses oito anos desperdiçados, durante os quais teria faltado a coragem para "correr o risco de enfrentar aquilo que houve, aquilo que nós fomos".[10] Aqui se mostra um tema vital, um tema do qual a República Federativa da Alemanha não permitiu que seus filósofos desistissem. Foram intervenções de diversos tipos contra a "exoneração do passado", ou contra a redução da reelaboração do passado a um tipo de "processamento dos danos", chegando-se até a uma carta de leitor dirigida em 1987 ao prefeito de Frankfurt,

---

nacional-socialista. O próprio Heidegger corroborou isso, em uma carta de leitor à mesma revista, acrescentando que teria sido fácil "retirar a frase destacada, juntamente com as demais que o Sr. destacou, da versão impressa do manuscrito" – ele não o fizera, e também não o faria no futuro. Na verdade, porém, como depois se soube, Heidegger havia *acrescentado* a frase entre aspas para a publicação do manuscrito em 1953.

9 Ibid., p.66.
10 Ibid., p.72.

Wallmann, perguntando sobre a peculiaridade histórica do antissemitismo alemão. Todas essas intervenções foram motivadas pela convicção de que, na República Federativa da Alemanha, "apenas evitando-se uma falsa consciência de normalidade se permitiu que surgissem relações mais ou menos normais".[11] Pois,

> quanto menos igualdade de direitos e relações humanas dignas façam parte de uma forma repressiva de vida, e quanto mais esta se tenha mantido à custa de usurpação e destruição da vida alheia, mais questionável será a continuidade das tradições que determinam a identidade da comunidade, e maiores serão os fardos para uma apropriação consciente dessas tradições. Agora, tradições não estão à disposição dos indivíduos, sendo antes uma posse comum. Logo, elas só podem ser modificadas de um modo consciente no meio da disputa pública em torno da interpretação mais correta.[12]

Isso está no artigo "O que significa 'reelaboração do passado' hoje?", título que só se diferencia

---

[11] Rorty, Achieving our Country, p. 164.
[12] "Was bedeutet 'Aufarbeitung der Vergangenheit' heute", *Die Normalität einer Berliner Republik*.

da conferência proferida por Theodor W. Adorno nos anos 1960 pelo acréscimo da palavra "hoje", mas que se refere a dois passados alemães cuja reelaboração exige esforços diferentes – e que só podem dar certo se não forem confundidos.

Habermas descreveu a República Federativa nascente como o lugar de uma ruptura demorada na qual

> a provincialização cultural e espiritual a que os nazistas nos haviam lançado não foi de modo algum superada num só golpe, mas sim de maneira relativamente lenta. As tradições do Esclarecimento e da modernidade radical só foram recebidas em todo o seu alcance no final dos anos 1950, e de maneira ineditamente forte (já que sem encontrar qualquer resistência) na história alemã.[13]

Nós finalmente conhecemos também, através dos escritos de Carnap, Wittgenstein e Popper, a filosofia dominante no mundo anglo-saxão. Nós víamos que com a teoria da ciência e a análise linguística eram estabelecidos padrões para uma

---

13 Habermas, *Kleine politische Schriften I-IV*, p.470. [Destaque para a última oração dessa passagem. – N. T.]

disciplina metódica aos quais a filosofia continental já não satisfazia.[14]

Habermas foi não só um beneficiário, mas também um decisivo fomentador da recepção dessa filosofia. Esse passo rumo a uma conexão intelectual a oeste é uma parte importante da história da mentalidade na República Federativa, um grande passo para fora das trilhas do caminho privilegiado.

Essa sequência de uma ruptura demorada e uma integração forçada – "de maneira ineditamente forte (já que sem encontrar qualquer resistência) na história alemã" – é a experiência que serve de pano de fundo para a convicção de Habermas de que as culturas só são ou permanecem mônadas sem janelas sob as condições da violência. Essa convicção fundada na experiência encontra sua expressão teórica na firme afirmação, dirigida contra o *filósofo* Heidegger, de que o "como hermenêutico" não teria qualquer prioridade em relação ao "como predicativo":[15] Heidegger teria realizado, "com a historicização do ser, [...] um desenraizamento da

---

14 Ibid., p.769-770.
15 Cf. Id., Hermeneutische und analytische Philosophie. Zwei komplementäre Spielarten der linguistischen Wende?, p.28 et seq.

verdade proposicional e a desvalorização do pensamento discursivo",[16] e esta figura de pensamento teria ao menos facilitado a sua identificação – temporária, mas certamente profícua para a sua filosofia – com o movimento do nacional-socialismo. Ou então na afirmação, contra Wittgenstein, de que, em vista da "diversidade histórica dos jogos de linguagem e das formas de vida", não se deveria atribuir um primado ao a priori do sentido em detrimento do estabelecimento de fatos.[17] Ou ainda, em geral, na convicção de que "os traços de uma razão transcendental" não se perdem "nas areias da historicização e da contextualização"; de que "uma razão inscrita nos contextos históricos" conserva "a força para uma transcendência a partir de dentro".[18]

Ao considerar a época em que o caminho de um pensamento se estabeleceu, não o estou reduzindo ao momento do testemunho histórico dessa época. Que "o diabo a ser expulso" não se esconda "nas relações internas entre gênese e validade" é algo que, contra Adorno e Horkheimer, o próprio

---

16 Id., *Der philosophische Diskurs der Moderne*, p.182.
17 Cf. Id., Hermeneutische und analytische Philosophie. Zwei komplementäre Spielarten der linguistischen Wende?, p.28 et seq.
18 Habermas, *Kommunikatives Handeln und detranszendentalisierte Vernunft*, p.9.

Habermas enfatizou.[19] É por isso mesmo que a *Teoria da ação comunicativa* não é um projeto filosófico, mas antes a fundamentação de uma teoria da sociedade. Pode parecer, à primeira vista, que estamos subestimando as pretensões do livro. Mas na verdade é o contrário. Qualquer um pode sentir orgulho de qualquer coisa. O direito à modéstia – quando esta não é mera afetação – só é obtido com méritos efetivos. A *Teoria da ação comunicativa* poderia chamar-se *Crítica da razão ontológica* (ou, melhor, *ontologizante*), mas só não tem esse nome porque hoje qualquer folhetim com aparência de livro poderia tê-lo, já que "esse conceito, que tem origem na metafísica grega", é "limitado a uma relação peculiar com o mundo, uma relação cognitiva com o mundo do ente". "Um conceito correspondente, que inclua tanto a relação com o mundo social e subjetivo como com o mundo objetivo, não foi desenvolvido na filosofia. A teoria da ação comunicativa deve preencher essa lacuna."[20] Não se trata aqui de uma teoria do conhecimento, ou de uma disciplina correspondente que a substituísse, mas sim de uma teoria das bases comunicativas da integração social.

---

19 Id., *Der philosophische Diskurs der Moderne*, p.156.
20 Id., *Theorie des kommunikativen Handelns*, v.I, p.75.

Fé e saber

De outro modo, já Adorno e Horkheimer na *Dialética do esclarecimento*, e Adorno depois, sobretudo na última parte da *Dialética negativa* – onde chega a narrar um sonho seu[21] –, haviam enfatizado o núcleo temporal de suas filosofias. Eles queriam escapar ao perigo da adesão ao não verdadeiro através do gesto radical da não integração – em Adorno, na *Dialética negativa*, até a consequência do estilo: praticamente todas as frases invalidam as anteriores. O empreendimento levado a cabo na *Dialética do esclarecimento*, que originalmente se chamava *Fragmentos filosóficos*, apresentou-se para Habermas como o maior desafio tanto intelectual como emocional – a tal ponto que Axel Honneth, com certa razão, coloca a reconstrução dos pensamentos da *Dialética do esclarecimento*, no "nível teórico mais elevado", no centro da *Teoria da ação comunicativa*.[22] Embora um pensamento só possa enfrentar seriamente a questão da ruína da civilização caso, tomando consciência do horror, afaste a ilusão de poder "dominá-lo" de algum modo por meio do pensamento, ele também precisa, se não quiser regredir ele próprio ao ritual, dar conta – tanto intelectual quanto emocionalmente – da

---

21 Cf. Adorno, *Gesammelte Schriften*, v.6, p.356.
22 Honneth, Jürgen Habermas, p.187.

circunstância de que "a vida continua" e que, apesar de com isso a catástrofe sobreviver, ela não sobrevive apenas – como pensava Benjamin – *como* catástrofe. Habermas criticou com boas razões a tentativa, levada a cabo na *Dialética do esclarecimento*, de estender a autocrítica da razão às últimas consequências, fazendo com que também esta forma de autorreferencialidade da crítica se arruinasse. Se o potencial autocrítico da razão cética é tão ilusório quanto a razão ideológica autoconfiante, criticada por aquela, perde-se a medida crítica da autocrítica e o empreendimento da crítica da razão desemboca numa contradição performativa. Adorno teria reconhecido isso, e extraído daí uma última consequência: a de demonstrá-lo estilisticamente.[23] Por isso a filosofia de Adorno tende aos gestos, ao silenciar-se. E é assim que ele se posiciona na interpretação da *Ifigênia*, levando a sério a caracterização ambivalente de Goethe segundo a qual ela seria "diabolicamente humana" ao lado de Thoas, solidária com o seu "adeus!" no momento de sua resignação.[24] Daí também a aproximação tardia de Adorno aos motivos existencialistas e a retomada

---

23 Cf. Habermas, *Theorie des kommunikativen Handelns*, v.I, p.489, e *Der philosophische Diskurs der Moderne*, p.130 et seq.
24 Cf. Adorno, *Gesammelte Schriften*, p.495 et seq.

de Kierkegaard, começando pela rememoração da palavra de morte do apóstata. Habermas recusa-se a integrar a filosofia da impossibilidade da integração.

> Quem persiste no paradoxo, em um lugar que a filosofia possuía outrora com suas fundamentações últimas, [...] só pode manter a posição caso se mostre ao menos plausível que não há saída. Mesmo o recuo em relação a uma situação aporética tem de ser vedado, pois, do contrário, haveria uma saída: a de voltar atrás. Eu acredito, no entanto, que é este o caso.[25]

Quem aceita que se deve abandonar um beco sem saída quando se quer seguir adiante não pode negar que algo permanece nesse beco quando ele é abandonado. Nem a razão comunicativa nem a sua teoria podem englobar tudo; ela não deveria sequer tentá-lo, e pode, a partir desse gesto de renúncia, desenvolver um sentido para aquilo que precisa mesmo faltar-lhe. Inversamente, porém, o não idêntico (para usar novamente esse conceito) precisa do espaço da racionalidade comunicativa para fazer-se presente como silêncio e não ser

---
25 Der Philosophische Diskurs der Moderne, S.155.

simplesmente excluído como algo desviante. "As feridas que a razão provoca só podem – se é que podem – ser superadas pela razão."[26] *Nota bene:** "se é que podem" e "superadas"; não "curadas". Justamente por isso, o teórico da razão comunicativa, a cujas virtudes tem de pertencer a capacidade de perdoar, reage inflamadamente – e com razão – quando o gesto da quebra de comunicação e da resistência à integração surgem como ensinamentos:

> Existe uma assimetria entre o gesto retórico com que esses discursos clamam por compreensão e o tratamento crítico a que eles têm de ser submetidos institucionalmente, como, por exemplo, no âmbito de uma conferência acadêmica.[27]

Essa resistência à integração contradiz não apenas, segundo Habermas, os padrões da ética acadêmica, mas vai *contre coeur** contra "aquela intuição central que explicitei em minha *Teoria da ação comunicativa*. Trata-se da intuição de que na comunicação

---

26 Habermas, Schmerzen der Gesellschaft. Jürgen Habermas im Gespräch mit Pekinger Künstlern und Intellektuellen.

* Notem bem. (N. T.)

27 Habermas, *Der philosophische Diskurs der Moderne*, p.390.

* Involuntariamente. (N. T.)

linguística está inscrito um *telos* de entendimento recíproco [*gegenseitiger Verständigung*]"[28] – não só, portanto, de compreensão [*Verstehen*]. Apresentar essa intuição, tanto sistemática quanto historicamente, como o desenvolvimento de uma oportunidade intelectual e politicamente única, é algo que a obra de Jürgen Habermas procura fazer desde pelo menos a tese de habilitação, *Mudança estrutural da esfera pública*. Com argumentos sistemáticos, históricos, sociológicos e antropológicos, Habermas fundamenta essa oportunidade afirmando não apenas que ela é única e inevitável enquanto opção – mesmo quando acreditamos tratar-se de outra coisa. Nós não podemos simplesmente sair do processo de modernização e racionalização. Nem mesmo intelectualmente, pois nós extraímos os argumentos para criticar a modernidade dos seus próprios padrões de racionalidade. Pois, ao contrário de outras formações históricas, que podiam subsistir com base em convenções e atos de fé, pertence essencialmente à modernidade a propriedade de não tornar-se – nem poder tornar-se – evidente. O modo da distância crítica de si mesmo – como permanente solução e criação de problemas – é a sua

---

28 Habermas, *Die neue Unübersichtlichkeit*, p.173. Cf. também *Philosophisch-politische Profile*, p.175 et seq.

assinatura histórica e, neste sentido, ela não pode superar-se criticamente a si mesma.[29]

Mas ela certamente pode – e com ela as possibilidades abertas por uma cultura da reflexão autocrítica – ser *destruída*. Segundo Habermas, há basicamente três caminhos concebíveis para essa destruição. É concebível uma destruição da racionalidade moderna que está pronta a pagar o preço de uma *desdiferenciação* [*Entdifferenzierung*] da sociedade. Essa destruição poderia ser levada a cabo pela conversão da crítica à globalização em militância e morticínio (não preciso mencionar as palavras-chave) – ou uma reação a isso que, emotiva e pragmaticamente, se deixe cair nesse redemoinho da desdiferenciação. Em segundo lugar, é concebível uma autodestruição através de uma *diferenciação progressiva acelerada*: a corrosão da racionalidade comunicativa do mundo da vida pelos imperativos de um sistema de ações organizado formalmente. Segundo Luhmann, esse processo já está mais do que consumado. Se não estou enganado, porém, essa é uma questão de natureza teórica para Luhmann, e de natureza empírica para Habermas. Também seria concebível, por

---

29 Cf., entre outros, *Der philosophische Diskurs der Moderne*, p.74.

fim – esta é uma possibilidade muito considerada nos textos mais recentes de Habermas sobre as chances e os riscos da engenharia genética –, que o ser humano se centrasse de tal modo no elemento antropológico, sobretudo pela realização de suas capacidades de automanipulação sobre a autoimagem e a autoconsciência, que acabasse por perder seja o sentimento da contingência de sua existência, como um pressuposto da capacidade de exercer criticamente a sua própria vida, seja o potencial para conduzir sua vida sob seu próprio governo. Se aqui se trata de fato de um novo perigo da destruição da racionalidade moderna, se o homem pós-pós-moderno está talvez perdendo o sentimento da existência, tudo isso são questões empíricas, e Habermas formula uma hipótese, aqui, com ponto de interrogação (mas com um peso normativo, evidentemente): não devemos chegar à incerta possibilidade de sua falsificação.

Habermas enfatiza, de fato, que não está interessado no que tradicionalmente se chamava de "crítica da cultura"[30] – talvez com a preocupação de não ser aproximado daquelas passagens da

---

30 Cf. Habermas, Begründete Einsamkeit. Gibt es postmetaphysische Antworten auf die Frade nach dem "richtigen Leben"?, p.28.

Dialética do esclarecimento que, embora soando ultrapassadas quando relidas, permanecem obviamente relevantes em *um aspecto*: que a racionalidade do mundo da vida pode acabar-se por mero embotamento – como se este "mero" significasse algo! Que a ameaça à nossa liberdade não apareça necessariamente como destruição do direito de ser feliz à própria maneira, mas como desmontagem da capacidade de dar-se uma maneira própria, é a preocupação – em nada fortuita – que aproxima a crítica tradicional da cultura e a advertência habermasiana sobre as possibilidades de automanipulação da espécie. Poder-se-ia perguntar, por outro lado, se também não se poderia adquirir uma autocompreensão da espécie que se mantivesse à distância das suspeitas do possível nas duas atitudes criticadas por Habermas – a autossacralização e a opção de grandiosidade, igualmente narcísica, *à la "What a piece of work is man"** – e, ao mesmo tempo, levasse a sério a sua preocupação acerca da permanência do elemento antropológico do homem moderno sem, contudo (ao menos neste aspecto), dividi-lo indiscriminadamente; uma autocompreensão que talvez pudesse ver uma oportunidade no mais novo autoadoecimento do ser humano, a

---

* Que bela obra é o homem. (N. T.)

sua definição como biomassa, e (pensando com Schopenhauer) dar-lhe uma forma. Seja como for, Habermas registrou o tipo de discussão de que precisamos, e uma questão mais precisa sobre o nexo (recíproco) entre a forma racional e a forma biológica da vida poderia sobreviver à agitação em geral estéril da discussão folhetinesca, na qual se pretende estabelecer se (para usar a oportuna imagem do *Jurassic Park*) os movimentos ondulares no copo d'água eram a tempestade negligenciável proverbial, ou se são os sinais de que realmente há um monstro lá fora.

Habermas apontou para uma consciência da crise especificamente moderna que se teria formado primeiramente junto aos jovens hegelianos – razão pela qual "*permanecemos* contemporâneos dos jovens hegelianos":[31]

> Visto que a história é experienciada como processo de crises, o presente como irrupção súbita de alternativas críticas e o futuro como fluxo de problemas não resolvidos, surge uma consciência existencialmente aguçada do perigo de decisões *não tomadas* e de intervenções *omitidas*. Surge uma perspectiva a partir da qual os contemporâneos se veem

---

31 Habermas, *Der philosophische Diskurs der Moderne*, p.67.

a prestar contas do momento atual como *passado* de um presente futuro. Sugere-se a responsabilidade pela *integração* de uma situação com a seguinte, pela continuação de um processo que se despiu de sua naturalidade e que se recusa a dar a promessa de uma continuidade evidente.[32]

Nesse sentido, a preocupação com o futuro da racionalidade moderna e com aquele da República Federal da Alemanha tem o mesmo porte, sem que seja necessário afirmar que esta só incorpora aquela em uma forma específica (ou, digamos, mais atrativa). Em ambos os casos o que está em jogo é o *problema da manutenção de substância, um problema que não pode ser resolvido de maneira conservadora.* Compreende-se, pois, que essa atitude de Habermas, de disposição para trabalhar a questão, desperte a objeção, por um lado, de que ele não deixa para

---

32 Ibid., p.73. Último grifo de Jan Philipp Reemtsma – (Nota da Edição Alemã). [Para essa citação, usamos a tradução de Luiz Repa e Ródnei Nascimento: Habermas, J. *O discurso filosófico da modernidade*. São Paulo: Martins Fontes, 2002. Só modificamos a tradução de *Anschluss* para "integração", em vez de "conexão", de modo a manter a tradução que vínhamos adotando para esse termo no texto de Jan Philipp Reemstma, onde ele desempenha um papel central e parece coadunar-se melhor com a palavra "integração" – N. T.]

trás a atitude antiquada dos profetas e alarmistas, e, por outro, de que o seu verdadeiro intento, desde a acusação de fascismo de esquerda contra o SDS,* seria deslegitimar a crítica realmente radical. Não poderia ser diferente. A título de ironia, poder-se-ia lembrar Mefistófeles quanto a isso – "Meu bom Senhor, o Senhor vê as coisas como se costuma mesmo vê-las" – e então seguir adiante. Mas eu temo que isso não diminuiria a raiva que costumam sentir os que são assim rotulados. Isso não poderia ser diferente, de fato, em alguém que eu gostaria de caracterizar com as palavras que ele mesmo usou para descrever alguém completamente diferente, o seu antípoda teórico Michel Foucault, e que, no entanto, lhe servem tão bem quando ele fala da "tensão entre, de um lado, a discrição quase alegre do erudito sério, que se ocupa da objetividade, e, de outro, a vitalidade política do intelectual suscetível, subjetivamente agitado e moralmente sensível".[33] Para a vinculação desses dois papéis – do cientista e erudito de um lado, do intelectual no debate público de outro – existe a máxima de que "a humanidade [...] é a ousadia que nos resta ao final,

---

* *Sozialistische Deutsche Studentenbund* (Liga estudantil socialista da Alemanha). (N. T.)

33 Habermas, *Die neue Unübersichtlichkeit*, p.126.

depois de compreendermos que o único meio de combater as ameaças de uma fragilidade universal é o meio perigoso da frágil comunicação. *Contra Deum nisi Deus ipse*".[34]

O sr. disse certa vez, ilustríssimo Sr. Habermas, que não era um produtor de visões de mundo. Isto é certamente correto. No mesmo instante, porém, o sr. disse: "O pensador como forma de vida, como visão, como autoapresentação expressiva: isso não existe mais".[35] Agora, se o sr. substitui o conceito de "autoapresentação expressiva" por aquele da pretensão e participação pública, eu gostaria de exprimi-lo assim: isto *ainda* existe, mas raramente existe *bem*. Mas, *ainda assim*, existe por vezes. Eu gostaria de ver no reconhecimento prestado com o Prêmio da Paz da Associação dos Livreiros da Alemanha também um agradecimento por isso.

Mas não deixemos que o *understatement* dite o tom final em um dia como este. Nós honramos em Jürgen Habermas o autor de uma obra que transformou a contingência das condições de seu surgimento em um diagnóstico completo daquilo que é inevitável, possível e arriscado em nosso lugar na história do mundo; um homem que tem de ser

---

34 Id., *Philosophisch-politische Profile*, p.119.
35 Id., *Die neue Unübersichtlichkeit*, p.207.

contado entre os grandes teóricos do século XX porque ofereceu uma das mais importantes contribuições para a tarefa intelectual central desse século que se vai: a transformação de motivos metafísicos e histórico-filosóficos em hipóteses e reconstruções da ciência social; e, justamente por isso, um homem que tem de ser contado também entre os grandes teóricos do século XXI que se inicia: é neste que se saberá quais as consequências teóricas de sua obra e o destino de suas hipóteses. Situar Habermas historicamente significa utilizar a abertura de sua obra, sempre por ele enfatizada, como oportunidade de articulação para refletir com ele sobre o século XXI.

Referências bibliográficas

ADORNO, T. W. *Gesammelte Schriften*. v.6, 1984.

ADORNO, T. W. *Minima Moralia*. Frankfurt am Main, 2001. (Nachdruck der Ausgabe von 1951).

ADORNO, T. W. Negative Dialektik. In: _____. *Gesammelte Schriften*, 1984.

ADORNO, T. W. Vernunft und Offenbarung. In: _____. *Stichworte*. Frankfurt am Main, 1969.

ADORNO, T. W. Zum Klassizismus von Goethes Iphigenie. In: _____. *Gesammelte Schriften*, v.11, 1984.

CHURCHLAND, P. M. *Scientific Realism and the Plasticity of Mind*. Cambridge: Cambridge University Press, 1979.

DERRIDA, J. Den Tod geben. In: HAVERKAMP, A. *Gewalt und Gerechtigkeit*. Frankfurt am Main, 1994, p.331-445.

DERRIDA, J. Glauben und Wissen. In: DERRIDA, J.; VATTIMO, G. (Orgs.). *Die Religion*. Frankfurt am Main, 2001.

DETEL, W. Haben Froschen und Sumpfmenschen Gedanken? Einige Probleme der Teleosemantik. *Deutsche Zeitschrift für Philosophie*, n.49, p.601-26, 2001.

DETEL, W. Teleosemantik. Ein neuer Blick auf den Geist? *Deutsche Zeitschrift für Philosophie*, n.49, p.465-91, 2001.

FORST, R. Toleranz, Gerechtigkeit, Vernunft. In: _____. (Org.), *Toleranz*. Frankfurt am Main, 2000, p.144-61.

GREENWOOD, J. D. (Org.) *The future of folk psychology*. Cambridge: Cambridge University Press, 1991, "Introduction", p.1-21.

HABERMAS, J. Begründete Einsamkeit. Gibt es postmetaphysische Antworten auf die Frade nach dem "richtigen Leben"? In: *Die Zukunft der menschlichen Natur. Auf dem Weg zu einer liberalen Eugenik?* Frankfurt am Main, 2001.

HABERMAS, J. *Der philosophische Diskurs der Moderne*. Frankfurt am Main, 1985.

HABERMAS, J. Dialektik der Rationalisierung. In: _____. *Die neue Unübersichtlichkeit*. Frankfurt am Main, 1985.

HABERMAS, J. Die Gestalten der Wahrheit. In: _____. *Philosophisch-politische Profile*. Frankfurt am Main, 1981.

HABERMAS, J. *Die neue Unübersichtlichkeit*. Frankfurt am Main, 1985.

HABERMAS, J. Hermeneutik und analytische Philosophie. Zwei komplementäre Spielarten der linguistischen Wende? In: _____. *Karl-Jaspers-Vorlesungen zu Fragen de Zeit* II. Oldenburg, 1998.

HABERMAS, J. Interview mit Gad Freudenthal. In: _____. *Kleine politische Schriften I-IV*. Frankfurt am Main, 1981.

HABERMAS, J. *Kleine politische Schriften I-IV*. Frankfurt am Main, 1981.

HABERMAS, J. *Kommunikatives Handeln und detranszendentalisierte Vernunft*. Stuttgart, 2001.

HABERMAS, J. Martin Heidegger. In: _____. *Philosophisch-politische Profile*. Frankfurt am Main, 1981.

HABERMAS, J. Mit dem Pfeil ins Herz der Gegenwart. Zu Foucaults Vorlesung über Kants "Was ist Aufklärung". In: _____. *Die neue Unübersichtlichkeit*. Frankfurt am Main, 1985.

HABERMAS, J. *Philosophisch-politische Profile*. Frankfurt am Main, 1981.

HABERMAS, J. Schmerzen der Gesellschaft. Jürgen Habermas im Gespräch mit Pekinger Künstlern und Intellektuellen, *Die Zeit*, 10 maio 2001.

HABERMAS, J. *Theorie des kommunikativen Handelns*. 2v. Frankfurt am Main, 1987.

HEGEL, G. W. F. *Vorlesungen über die Philosophie der Religion* II, (Frankfurt am Main, 1969, *Werke*, v.17).

HEGEL, G. W. F. *Glauben und Wissen*. In: _____. *Jenaer Schriften 1801-1807* (Frankfurt am Main, 1970, v.2).

HONNETH, A. Jürgen Habermas. In: KAESLER, D.; VOGT, L. (Orgs.). *Hauptwerke der Soziologie*. Stuttgart, 2000.

HONNETH, A. *Kampf um Anerkennung*. Frankfurt am Main, 1992.

HORKHEIMER, M. *Gesammelte Schriften*, v.14.

KANT, I. *Die Religion innerhalb der Grenzen der bloßen Vernunft*.

RAWLS, J. *Politischer Liberalismus*. Frankfurt am Main, 1998.

RORTY, R. Achieving our Country (Rezension). In: *Zeit der Übergänge*. Frankfurt am Main, 2001.

SELLARS, W. *Science, Perception and Reality*. Altascadero, 1963, 1991.

WAS BEDEUTET "Aufarbeitung der Vergangenheit" heute. In: *Die Normalität einer Berliner Republik*. Frankfurt am Main, 1995.

Índice onomástico

Abendroth, Wolfgang, 32
Adão, 24
Adorno, Theodor W., 19, 21, 32, 37, 39, 41-2
Arendt, Hannah, 32
Atta, Mohamed, 2
Benjamin, Walter, 19, 21, 42
Bin Laden, Osama, 2
Bloch, Ernst, 21, 32
Carnap, Rudolf, 37
Copérnico, Nicolau, 9
Darwin, Charles, 9
Derrida, Jacques, 22
Eva, 24
Feuerbach, Ludwig, 21
Foucault, Michel, 51
Gehlen, Arnold, 31
Goethe, Johann Wolfgang von, 42
Hegel, G. W. F., 16, 20-1, 24
Heidegger, Martin, 22, 31, 34-5, 38
Honneth, Axel, 41
Horkheimer, Max, 19, 22, 39, 41
Jano, XVI, 3
Jaspers, Karl, XVII, 31-3
Jesus Cristo, XVIII, 22
Kant, Immanuel, 17, 19-20
Kierkegaard, Søren, 43
Lewalter, Christian, 34n.8
Löwith, Karl, 32
Luhmann, Niklas, 46

Marcuse, Herbert, 32
Marx, Karl, 21
Mitscherlich, Alexander, 32
Pirro, 20
Plessner, Helmuth, 31
Popper, Karl, 37
Reemtsma, Jan Philipp, 50n.32

Schopenhauer, Arthur, 49
Sellars, Winfrid, 10
Sócrates, 22
Thoas, 42
Wallmann, Walter, 36
Waynes, John, 1
Weber, Max, 9, 29
Wittgenstein, Ludwig, 32, 37, 39

SOBRE O LIVRO

Formato: 11 x 18 cm
Mancha: 18,6 x 38,6 paicas
Tipologia: Venetian301 12,5/15,5
Papel: Lux Cream 90 g/m^2 (miolo)
Cartão Supremo 250 g/m^2 (capa)
1ª edição: 2013

EQUIPE DE REALIZAÇÃO

Capa
Megaarte Design

Edição de Texto
Ana Maria Straube (Copidesque)
Mariana Pires e Silvio Nardo (Revisão)

Editoração Eletrônica
Sergio Gzeschnik (Diagramação)

Assistência Editorial
Alberto Bononi

Camacorp Visão Gráfica Ltda

Rua Amorim, 122 - Vila Santa Catarina
CEP:04382-190 - São Paulo - SP
www.visaografica.com.br